BOEKANALYSE

Pantagruel

• • • • • • • • • • • • • • • •

François Rabelais

BOEKANALYSE

Geschreven door Nathalie Roland
Vertaald door Nikki Claes

Pantagruel

FRANÇOIS RABELAIS

FRANÇOIS RABELAIS

FRANS HUMANISTISCH SCHRIJVER

- **Geboren in Chinon (Frankrijk) rond 1494.**
- **Stierf in Parijs in 1553.**
- **Opmerkelijke werken:**
  - *Pantagruel* (1532), roman
  - *Gargantua* (1534), roman
  - *Het derde boek* (1546), roman

François Rabelais werd geboren rond 1494. Hij was de zoon van een advocaat, maar besloot rond 1510 de heilige orden aan te nemen. Letterkundigen, zowel monniken als leken, deelden hun passie voor de Oudheid en het humanisme met hem.

Rabelais verliet in 1527 om onbekende redenen de geestelijkheid en ging medicijnen studeren aan de universiteit van Montpellier. Daarna verhuisde hij naar Lyon, waar hij humoristische pamfletten schreef en begon te corresponderen met Erasmus (Nederlandse humanist, 1469-1536). Hij publiceerde ook zijn eerste twee boeken (*Pantagruel* en *Gargantua*), die door het college van Sorbonne werden gecensureerd. Vervolgens werd Rabelais de secretaris van Jean du Bellay (Frans bisschop en diplomaat, 1492/98-1560), die hij vergezelde naar Rome. Vanaf 1546 begon hij vervolgen op zijn boeken te publiceren, een beslissing die hem veel problemen opleverde met de Sorbonne. Enige tijd later wist de kardinaal hem de positie van kapelaan van Meudon te bezorgen, die hij in 1553 neerlegde.

Rabelais was een origineel, gecultiveerd en joviaal man. Hij stierf in 1553 in Parijs.

PANTAGRUEL

EEN ZEER KLEURRIJK BOEK

- **Genre:** roman
- **Referentie-uitgave:** Rabelais, F. (2006) *Gargantua en Pantagruel*. Trans. Screech, M.A. Londen: Penguin.
- **1^e editie:** 1532
- **Thema's:** onderwijs, parodie, christendom, taal, gigantisme

Pantagruel is het eerste boek in een reeks van vijf, naast *Gargantua*, *Het derde boek*, *Het vierde boek* en *Het vijfde boek*. Het vertelt de avonturen van een reus met een onverzadigbare eetlust (vandaar het adjectief Pantagruel) die zijn koninkrijk Utopia verlaat om aan verschillende universiteiten in Frankrijk te gaan studeren.

Het boek, dat werd geschreven onder het pseudoniem Alcofribas Nasier (een anagram van François Rabelais) om de censuur te ontlopen, was een doorslaand succes toen het in 1532 voor het eerst werd gepubliceerd, maar werd al snel veroordeeld door de Sorbonne (1534). In dit boek, dat in grove en directe taal is geschreven, geeft Rabelais namelijk een meanderende beschrijving van de maatschappij van zijn tijd en steekt hij de draak met zijn tijdgenoten en hun kennis.

SAMENVATTING

PROLOOG

Rabelais richt zich tot zijn lezers en presenteert *Pantagruel* als een wondermiddel voor alle ziekten.

HOOFDSTUKKEN 1-22

De auteur beschrijft de oorsprong van Pantagruel door zijn hele stamboom te beschrijven: hij geeft ons een mengeling van namen uit de Bijbel, de klassieke mythologie en ridderromans.

Badebec baart Pantagruel (wiens naam "alle dorst" betekent, p. 24), evenals mannen, boeken en drank, wat goed van pas komt aangezien ze midden in de droogte zitten. Zij sterft in het kraambed, en Pantagruel's vader Gargantua staat perplex: moet hij huilen omdat zijn vrouw is gestorven, of lachen omdat zijn zoon is geboren? Hij kiest ervoor het beste van zijn geluk te maken, want huilen zal zijn vrouw niet terugbrengen.

Hoewel Pantagruel nog een kind is, begaat hij "de meest verschrikkelijke daden" (p. 27): hij ontsnapt uit zijn wieg hoewel hij eraan geketend is en verslindt alles wat op zijn pad komt, waaronder de melk van honderden koeien en de inhoud van een enorme trog. Zijn opvoeding begint in Poitiers, waarna hij de universiteiten van Bordeaux en Toulouse bezoekt, waar hij leert dansen en zwaardvechten. Vervolgens gaat hij naar Montpellier om medicijnen te studeren, maar geeft dit op.

Onderweg bouwt hij de Pont du Gard. Zijn leraar Epistemon neemt hem vervolgens mee naar Valence, Angers en Bourges, waar hij rechten studeert. Tenslotte gaan ze naar Orléans.

Op weg naar Parijs ontmoet Pantagruel een leerling die zich uitslooft door een onbegrijpelijk jargon te spreken dat een mengeling is van Latijn en Frans. Hij zet de jongen snel op zijn plaats. Voordat hij Parijs bereikt, presteert hij het om een zeer zware klok, die in de grond is gezakt, op te tillen. Zodra de Parijzenaars dit te weten komen, snellen ze allemaal naar hem toe. Hij bezoekt de bibliotheek van Saint Victor, waar hij een indrukwekkende collectie boeken vindt over allerlei onderwerpen, waaronder recht, theologie en natuurweten-schappen.

Pantagruel ontvangt een brief van zijn vader waarin het belang van onderwijs wordt uitgelegd, en in het bijzonder van het leren van talen. In tegenstelling tot Gargantua leeft Pantagruel in een nieuw tijdperk met uitvindingen die lijken voort te komen uit "goddelijke inspiratie" (p. 47), zoals de boekdrukkunst.

Pantagruel ziet een gewonde man en gaat met hem praten. De man antwoordt hem echter in het Duits. Wanneer de reus hem niet begrijpt, probeert de vreemdeling een reeks talen, waaronder Spaans, Indiaas, Italiaans, Deens en Nederlands. Uiteindelijk begrijpen ze elkaar in het Frans. De vreemdeling heet Panurge, en Pantagruel raakt met hem bevriend.

Pantagruel organiseert openbare debatten over de meest obscure wetenschappelijke onderwerpen om zijn kennis te testen. Hij schittert als hij het opneemt tegen professoren, studenten en theologen. Enkele universiteitsprofessoren vragen Pantagruel om zijn hulp bij het oplossen van een zeer ingewikkeld juridisch probleem. De reus moet als rechter optreden in een proces tussen twee heren, le Sieur de Bumkis en le Sieur de Slurp-ffart. Wanneer Bumkis begint te spreken, is zijn toespraak obscuur en vol technische termen en woordspelingen. De taal van Slurp-ffart is al even onbegrijpelijk. Pantagruel ondervraagt de geleerden die er zijn, maar geen van hen wil een beslissing nemen. Daarom laten ze het vonnis over aan de reus, die zijn oordeel velt in een taal die al even vreemd is als die van de twee heren.

Zijn oordeel bezorgt Pantagruel grote bekendheid. Ondertussen vertelt Panurge over zijn tegenslagen: hij werd gevangen genomen door de Turken, die hem wilden koken, maar hij wist te ontsnappen door de stad in brand te steken. Hij bekritiseert de muren van Parijs, "omdat een koe met één scheet meer dan zes armbreedtes ervan kan omver blazen" (p. 81). Hij stelt voor een nieuwe muur te bouwen met "de dingetjes van vrouwen" (ibid.).

Panurge heeft altijd kleine tasjes bij zich met ingrediënten die hij gebruikt voor zijn practical jokes, zoals jeukpoeder en dingen om kleren mee te bevlekken. Hij komt voortdurend geld tekort en deinst er niet voor terug mensen op te lichten of te bestelen. Bovendien heeft hij een manier gevonden om geld te verdienen door zilver te stelen van relikwieën. Hij vertelt Pantagruel ook over zijn processen: in het bijzonder heeft hij vrouwen voor het gerecht gedaagd omdat ze hooggesloten kragen droegen om te voorkomen dat mannen hen zouden aanraken.

De Engelse geleerde Thaumaste heeft gehoord over Pantagruel's wijsheid en wil in het openbaar met hem in debat gaan, maar alleen via tekens. Panurge stelt voor zijn vriend te vervangen, ervan overtuigd dat "ik hem ten overstaan van de hele wereld azijn zal laten schijten" (p. 101). De Engelsman begint dan te mimen en Panurge antwoordt. De experts interpreteren de "discussie" allemaal anders. Thaumaste bedankt vervolgens Panurge en Pantagruel, en erkent hun superieure kennis. Daardoor wordt Panurge ook in Parijs beroemd. Hij benadert een hooggeplaatste vrouw, maar zij wijst hem af en zegt hem haar niet langer lastig te vallen. Panurge probeert haar tevergeefs te verleiden met royale geschenken. Dan neemt hij haar terug door wat poeder op haar jurk te strooien; dit trekt onmiddellijk honden aan, die op haar plassen.

HOOFDSTUKKEN 22-34

Pantagruel keert terug naar Utopia nadat de Dipsoden zijn binnengevallen en Gargantua hebben verdreven. Voor hij vertrekt, ontvangt Pantagruel een brief van een geliefde. Verward door de blanco brief die een gouden ring bevat, vraagt Pantagruel Panurge om hulp. Ze wenden zich tot boeken om uit te zoeken waarom de inkt onzichtbaar is geworden, voordat ze uiteindelijk beseffen dat de tekst in de ring is gegraveerd.

Zodra ze in Utopia aankomen, worden Pantagruel en Panurge aangevallen door 600 ruiters. Panurge en zijn andere metgezellen verbranden hen en nemen één gevangene mee. Dan organiseren ze een feestmaal, en Pantagruel ondervraagt de gevangene. Hij ontdekt dat hun vijand, koning Anarch, een enorm leger heeft bestaande uit reuzen onder leiding van Loup Garou, voetsoldaten, pioniers, kobolden, kanonnen en hoeren.

Pantagruel richt een monument op om de overwinning van zijn metgezellen te herdenken. Hij schept mannen en vrouwen door scheten te laten; hij noemt ze pygmeeën en stuurt ze naar een nabijgelegen eiland.

Pantagruel laat de gevangene vrij zodat hij zijn volk kan vertellen over zijn heldendaden, en geeft hem een drankje om aan zijn koning te overhandigen. Wanneer de koning en zijn generaals het drankje drinken, krijgen ze een onlesbare dorst. Pantagruel stuurt dan zijn metgezellen om het vijandelijke kamp in brand te steken, voordat hij het met zout bestrooit en overspoelt met zijn urine. De reuzen slagen er ternauwernood in de koning van de verdrinkingsdood te redden. Biddend dat God hem zal beschermen, vecht Pantagruel vervolgens tegen de reus Loup Garou, die Mohammed aanroept.

Hoewel hij de strijd heeft gewonnen, rouwt Pantagruel om zijn leraar Epistemon, wiens hoofd is afgehakt. Niettemin slaagt Panurge erin hem te genezen. Nu hij weer tot leven is gekomen, vertelt Epistemon over zijn reis naar de hel, waar hij een reeks echte en fictieve beroemde figuren uit de Oudheid en de Middeleeuwen en pausen heeft ontmoet.

Pantagruel krijgt een heldenontvangst in zijn vaderland en vertrekt met enkele krijgers naar het land van de Dipsoden om een kolonie te stichten. Hij straft de koning van de Dipsoden door hem te veranderen in een huilebalk van groene saus en hem uit te huwelijken aan een oude vrouw.

De verteller, Alcofrybas Nasier, bezoekt het binnenste van de reus, waar zich een hele wereld bevindt met vele steden en inwoners.

Pantagruel wordt ziek: hij wordt gezuiverd en er worden mensen gestuurd om zijn maag te ontstoppen.

De verteller belooft dat het volgende deel van het verhaal zal worden verteld op een komende kermis en kondigt de avonturen aan die komen gaan. Hij eindigt met kritiek op de mensen die het boek alleen maar lezen om het aan te vallen.

KARAKTERSTUDIE

PANTAGRUEL

Hij is de reuzenzoon van Gargantua en Badebec. Bij zijn geboorte was hij al groot, knap en behaard. Met zijn respect voor familiale plichten en eergevoel staat Pantagruel altijd klaar om te helpen: hij bouwt bijvoorbeeld een brug, verjaagt struikrovers, zet een pedant op zijn plaats en trekt een klok uit de grond. Om zijn vader niet teleur te stellen, studeert hij ijverig en toetst hij zijn kennis in openbare debatten. Zijn oordeel is vol gezond verstand en hij geeft blijk van "bovenmenselijke wijsheid" (p. 73). Toch is hij bescheiden en denkt hij niet dat hij volmaakt is. Hij is zeer vroom en illustreert Rabelais' ideeën over religie.

GARGANTUA

Gargantua is de vader van Pantagruel en de echtgenoot van Badebec. Hij hecht veel belang aan het huwelijk en de voortzetting van de lijn. Hij vertegenwoordigt de traditionele kennis, die hij bekritiseert: hij wil niet dat zijn zoon hetzelfde pad volgt. De brief die hij aan Pantagruel stuurt, kan gezien worden als een soort geestelijk testament waarin hij niet alleen het belang van universele kennis uitlegt, maar ook van de waarden en deugden die men moet verwerven (hoofdstuk 8).

PANURGE

Panurge komt oorspronkelijk uit Frankrijk, maar werd gevangen genomen door de Turken en spreekt vele talen. Hij is bevriend met Pantagruel, en is een levensgenieter die van alle geneugten des levens houdt: eten, drinken en seks. Hij is zeer geïnteresseerd in vrouwen en heeft een lange lijst van veroveringen. Hij is het personage dat het best kan worden beschreven vanuit fysiek en psychologisch oogpunt: hij is een dunne, beminnelijke man van 35 jaar van gemiddelde lengte met een aquiline neus. Hij is ook een zwerver, een verspiller en een soort dief. Hij is een ondeugend figuur en heeft altijd kleine tasjes bij zich met ingrediënten die hij gebruikt voor zijn practical jokes: hij gebruikt jeukpoeder, maakt vlekken op mooie kleren, laat scheten en steelt zilverwerk (hoofdstuk 16). Hij is vindingrijk en sluw, en komt Pantagruel en zijn metgezellen verschillende keren te hulp: tijdens de strijd tegen Thaumaste (Hoofdstuk 18-20), om het mysterie van de onzichtbare inkt op te lossen (Hoofdstuk 24), en tijdens de strijd tegen de Dipsoden, waar hij zijn vaardigheden als arts demonstreert.

ANALYSE

ONDERWIJS

Wat maakt een goede opleiding?

Als humanist hecht Rabelais veel belang aan onderwijs en opvoeding, vooral van talen. De brief die Gargantua aan zijn zoon schrijft om hem aan te moedigen in het leren in heel Frankrijk (zo studeerde men in de 16^e eeuw) is daar een goede illustratie van: het dient als argument voor een humanistische opvoeding.

Na kritiek op de leer van de Middeleeuwen legt Gargantua Pantagruel (en de lezer) het belang van studie uit. Hierdoor zal hij de Renaissance-idealen van kennis en deugdzaamheid kunnen bereiken. Zijn vader moedigt hem aan "een afgrond van eruditie" (p. 49) te worden, wat betekent dat hij alle kennis van die tijd moet verwerven. Dit omvat oude talen (Latijn, Grieks, Hebreeuws, Chaldeeuws en Arabisch), de zeven vrije kunsten (fundamentele kennis in de Middeleeuwen bestaande uit grammatica, retorica, dialectiek, rekenkunde, muziek, geometrie en astronomie), burgerlijk recht, natuurgeschiedenis, geneeskunde, oorlogskunst, bijbelteksten en oude teksten, in het bijzonder die van moralisten als Plutarch. Zo brengt Rabelais zijn boodschap over dat een goede opleiding de verwerving van universele kennis mogelijk maakt.

GOED OM TE WETEN: HUMANISME

Het humanisme, dat in de 13e eeuw in Italië ontstond en zich tot de 16e eeuw over heel Europa verspreidde, verwijst naar een beweging van totale vernieuwing in de kunsten en het denken. Geleerden lieten de erfenis van de Middeleeuwen, die als een "duistere" periode (p. 47) werden beschouwd, achter zich om de kennis van de Oudheid (die als een glorieus verleden werd gezien) terug te brengen, meer nadruk te leggen op de mens, die moet worden opgevoed, en deze twee ideeën te verzoenen met het christendom. Opmerkelijk is dat specialisten in het geval van Rabelais spreken van een christelijk humanisme: net als andere auteurs was hij zeer geïnteresseerd in religieuze vraagstukken, met name de verspreiding van een vertaling van de Bijbel die trouw bleef aan de oorspronkelijke tekst.

De lezer opvoeden

In de hele tekst probeert Rabelais zijn lezer op te voeden. Allereerst verwerkt hij elementen uit de hele menselijke kennis van de 16e eeuw in zijn roman:

- Hij maakt veel toespelingen op bijbelse figuren (Noach, p. 15), mannen en helden uit de Griekse, Romeinse en Oosterse Oudheid (Archimedes, p. 38; Ovidius, p. 18; Aeneas en Dido, p. 122; Sennacherib, p. 140), auteurs en ridders uit de Middeleeuwen (François Villon, p. 152; Koning Arthur, p. 149) en humanisten (Pico della Mirandola, p. 58);

- hij komt met een lijst van boeken die klassiekers zijn in hun domein (telkens als hij voor een probleem staat, grijpt

Pantagruel naar boeken, zoals verhandelingen over architectuur en werken over tekens);

- Hij gebruikt een nauwkeurige en gespecialiseerde woordenschat, met name op juridisch gebied, en geeft zelfs uitleg over bepaalde situaties die verband houden met het recht (hij spot met name met juridisch jargon in de hoofdstukken 11-13) en de geneeskunde;

- Hij behandelt ook culturele elementen die rechtstreeks zijn geïnspireerd op het dagelijks leven: nationale vooroordelen (de inwoners van Bourbon hebben grote oren), de ambachten en hun reputaties (de pottenbakkers van Villedieu in Normandië) en het volksverstand ("Heb je dat allemaal begrepen? Neem dan een flinke slok zonder water! Want als je het niet gelooft, 'Ik ook niet', zei ze", p. 21).

Hij voorziet zijn tijdgenoten ook van exempla. Dit zijn echte of fictieve anekdotes over mensen of dieren met een positieve of negatieve moraal, die Renaissance-auteurs gebruikten om hun ideeën te illustreren. Ze zijn bedoeld om les te geven door de lezer een concept te laten begrijpen en hem te helpen het te onthouden. Zo dient Agesilaus als herinnering aan de deugdzaamheid van de Spartanen (blz. 80), en het verhaal van de leeuw en de vos leert de lezer over de hygiëne van wonden.

Ten slotte gebruikt Rabelais de lach ook om zijn lezers op te voeden. Daarbij volgt hij het Latijnse adagium over komedie: *castigat mores ridendo* ("lachen corrigeert de zeden"). Lachen is dus een opvoedkundig instrument waarmee de auteur de tekortkomingen van zijn tijdgenoten zachtjes aan de kaak kan stellen, zodat zij hun gedrag veranderen. Rabelais gebruikt vooral:

- parodie: zijn roman parodieert ridderromans (in het bijzonder met de afkomst van de hoofdpersoon, hoofdstuk 1), en hij neemt veel denkbeeldige titels op wanneer hij de boeken in de bibliotheek opsomt;

- taal.

Spraak en taal.

Een constante stroom van woorden

Taal is van vitaal belang in het werk van Rabelais. Zijn personages hebben een onbedwingbare behoefte om te praten, en ze doen dat op een snelle, ongeordende manier: hun spraak is spreektaal, zoals het geval is wanneer Gargantua rouwt om zijn vrouw (hoofdstuk 3). In het algemeen dient alles als voorwendsel voor een uitleg (de geboorte en de naam van Pantagruel) of een opsomming (de inhoud van de zakken van Panurge). Rabelais gebruikt voortdurend dialogen en citaten, die de tekst langer maken. Hij gebruikt ook grove, spreektaal, en bedenkt zich geen moment om de lezer rechtstreeks aan te spreken ("Luister nu, stelletje klootzakken", p. 208). Al deze technieken brengen de tekst tot leven.

Talen

Zoals veel van zijn medemensen geloofde Rabelais dat taal het fundament is van de opvoeding. Zonder taal heeft de mens immers geen menselijkheid en is hij niet beter dan een dier. Het is echter niet voldoende om één taal te kennen: naast Latijn zijn ook basistalen als Grieks en Hebreeuws noodzakelijk. Rabelais vindt dat taal eenvoudig en correct moet zijn, en hij drijft de spot met het onbegrijpelijke gebrabbel van de

Limousin-student die Frans en Latijn vermengt. Panurge, die een echte polyglot is, wordt afgeschilderd als een toonbeeld van talenkennis.

<u>Taal als instrument om te lachen</u>

Voor Rabelais is taal ook een bron van humor. De auteur aarzelt niet om grove, grove taal te gebruiken die gericht is op de lagere delen van de menselijke anatomie om de lezer aan het lachen te maken: hij heeft het bijvoorbeeld over "kloten" (p. 17), "pikken" (p. 82) en "lullen" (ibid.). Zelfs het gebruik van dialect dient als voorwendsel om vulgaire woorden te gebruiken (de mannen van Lucon noemen de eerste bel van de matins "Scratch-your-balls", p. 137). Hij gebruikt ook een scatologische woordenschat, dat wil zeggen woorden die verwijzen naar uitwerpselen: hij gebruikt bijvoorbeeld vaak woorden als "pis" (ibid.), "scheet" (p. 81) en "stront" (p. 33).

Verder gebruikt Rabelais het hele scala aan taal om de lachlust op te wekken. Zo creëert hij vergezochte etymologieën: zo geeft hij een buitenissige verklaring voor de herkomst van de namen van plaatsen waar zich bronnen van warm water bevinden. Hij maakt ook graag plezier met taal door jargon te parodiëren (hoofdstukken 12 en 13), woordspelingen te gebruiken (hoofdstuk 7) en nieuwe woorden te bedenken.

Religie

Doorheen het verhaal hekelt Rabelais de uitwassen van het christendom (zoals de verkoop van aflaten die de straffen die christenen voor hun zonden krijgen, verminderen of opheffen) of afwijkingen van het ware geloof (het voortdurend beroep doen op heiligen). Maar ondanks zijn vele kritiek op de religie is Rabelais niet anti-religieus: hij was zelf lid van twee religieuze ordes. Bovendien mogen we niet vergeten dat het in de 16e eeuw onmogelijk was om buiten het religieuze kader te denken.

In de roman illustreert het personage Pantagruel Rabelais' ideeën hierover, met name wanneer hij bidt voor zijn gevecht met Loup Garou (hoofdstuk 29). In deze toespraak blijkt dat:

- moet de mens God vertrouwen en naar zijn bevelen handelen;

- God duldt alleen oorlog ter verdediging (zo bekritiseert Rabelais de veroveringsoorlogen van Frankrijk, Engeland en het Heilige Roomse Rijk);

- alleen een zuiver Evangelie (d.w.z. zonder de interpretaties van eerdere commentatoren of vertaalfouten) moet worden gepredikt.

Verder bekritiseert Rabelais Middeleeuwse glosses (de commentaren van monniken in de Middeleeuwen) en pleit hij voor terugkeer naar de oorspronkelijke talen van de Bijbel, zoals Grieks en Hebreeuws, om de christelijke leer te begrijpen en dichter bij de oorspronkelijke betekenis ervan te blijven.

In de 16e eeuw namen veel geleerden de begrippen evangelisatie over. Deze beweging ontstond in Europese humanistische kringen na de herontdekking van teksten uit de Oudheid. Toen zij probeerden de teksten rigoureus te bewerken, werden zij zich bewust van kopieerfouten in de tekst van de Bijbel en van slechte vertalingen die in omloop waren. Deze auteurs moedigden daarom aan terug te keren naar de oorspronkelijke tekst en oude talen te leren om de bijbelse verhalen beter te begrijpen.

Een parodie op de ridderromans...

Hoewel Rabelais zijn boek in de proloog en aan het einde presenteert als een kroniek, hebben we al snel door dat het in feite een parodie is op ridderromans waarin de "gruwelijke daden en heldendaden van Pantagruel" (p. 13) worden verteld.

De term "ridderromantiek" had oorspronkelijk betrekking op prozawerken in talen als het Oudfrans, Anglo-Normandisch, Occitaans en Provençaals (in tegenstelling tot het Latijn), aangepast aan verhalen over hoofse liefde en de *chansons de geste* uit de 11e en 12e eeuw. Vanwege hun oorsprong lijken ridderromans op de epen uit de Oudheid waarin de avonturen van mythologische helden worden uitgebeeld. In ridderromans staan een ridder, zijn avonturen en zijn liefdesperikelen centraal, en ze bevatten fantastische elementen. Andere kenmerkende elementen van dit genre zijn het belang dat gehecht wordt aan genealogie en afkomst, de tegenstelling tussen twee gemeenschappen over een grondgebied en de tegenstelling tussen goed en kwaad.

Pantagruel heeft veel overeenkomsten met de ridderromans:

- De interventie van het bovennatuurlijke: het vertelt het verhaal van een reus uit Utopia (het woord betekent letterlijk "geen plaats").

- De lezer volgt de heldendaden in heel Frankrijk en elders (het verplaatsen van een zeer zware klok; het gevecht met Loup Garou, hoofdstuk 29) en zijn liefdesaffaires (hoofdstuk 26).

- De stamboom van Pantagruel wordt geschetst in het eerste hoofdstuk, en zodra hij in Poitiers aankomt bezoekt hij het graf van een verre voorouder (hoofdstuk 5).

- De strijd tussen Pantagruel en Loup Garou, die Utopia binnenvalt, doet denken aan de kruistochten, een terugkerend thema in de *chansons de geste*. Deze indruk wordt versterkt door het feit dat Pantagruel, die de christelijke soldaat symboliseert, zich tot God richt, terwijl Loup Garou tot Mohammed bidt.

De keuze van Rabelais voor dit genre kan worden verklaard door het grote succes van de ridderromans bij het publiek en hun grote verspreiding dankzij de boekdrukkunst. Bovendien waren in Italië (dat Rabelais meermaals bezocht) de heldendichten, vooral die van Ariosto (1474-1533), erg populair. Rabelais schreef dus voor een publiek dat dit soort romans goed kende en ze ongetwijfeld zou vergelijken met *Pantagruel*.

Rabelais nam de ridderroman echter niet zomaar over: hij parodieerde hem. Hij wilde de middeleeuwse literatuur niet belachelijk maken, maar de kenmerken van de ridderromans op een originele manier hergebruiken om een nieuw fictief genre te creëren waarin werkelijkheid en fictie, kroniek en roman samengaan.

VERDERE REFLECTIE

ENKELE VRAGEN OM OVER NA TE DENKEN...

- Verklaar de rol van Gargantua's brief in het boek. Waar verwijst hij naar? Wat betekent "Wetenschap zonder geweten is slechts de ondergang van de ziel" (p. 49) in het licht van dit hoofdstuk en het boek als geheel? Hoe vat dit de ideeën van Rabelais samen?

- Welke rol of rollen spelen talen en woorden in *Pantagruel*? Waarom hecht Rabelais er zoveel belang aan?

- Hoe probeert Rabelais de censuur te vermijden? Welke raad geeft hij zijn lezer?

- Waarom spreken specialisten in het schrijven van Rabelais over "volkscultuur" en "geleerde cultuur"? Illustreer je antwoord met voorbeelden.

- Hoe zou je het lachen in het werk van Rabelais omschrijven? Voor welke onderwerpen wordt het gebruikt? Wat wil de auteur hiermee bereiken?

- In het laatste hoofdstuk richt de verteller zich tot "Pantagruelisten". Wie zijn zij? Welke ideeën verdedigen zij? Leg je antwoord uit.

- Analyseer het koppel Pantagruel en Panurge. Wat zijn de overeenkomsten en verschillen tussen de twee personages? Waarop is hun vriendschap gebaseerd?

- Kan de roman als realistisch worden omschreven? Motiveer je antwoord.

- Waarom koos Rabelais er volgens u voor om van zijn held een reus te maken?

VERDER LEZEN

REFERENTIE-UITGAVE

Rabelais, F. (2006) *Gargantua en Pantagruel*. Trans. Screech, M.A. Londen: Penguin.

REFERENTIESTUDIES

Bakhtin, M. (2009) *Rabelais en zijn wereld*. Bloomington, Indiana: Indiana University Press.

Merritt, Y. (Geen datum) The Unquenchable Thirst to Understand: Francois Rabelais' Satire op Middeleeuws en Renaissance-leren in 'Gargantua en Pantagruel'. *Ampersand: de wetenschap van de kunst; de kunst van de wetenschap*. [Online]. [Accessed 3 April 2017]. Beschikbaar via: <http://itech.fgcu.edu/&/issues/vol2/issue2/rabelais.htm>

Gioia, T. (Geen datum) "Gargantua en Pantagruel" van François Rabelais. *Conceptuele Fictie*. [Online]. [Accessed 3 April 2017]. Beschikbaar via: <http://www.conceptualfiction.com/Gargantua_and_Pantagruel.html>

O'Brien, J. ed. (2010) *The Cambridge Companion to Rabelais*. Cambridge: Cambridge University Press.

We horen graag van jou! Laat
een reactie achter op jouw online bibliotheek
en deel je favoriete boeken op social media!

De uitgever garandeert de betrouwbaarheid van de gepubliceerde informatie, die echter niet onder zijn verantwoordelijkheid valt.

www.50minutes.com

Master ISBN: 9782808689120
Papier ISBN: 9782808610520
Wettelijk depot: D/2023/12603/1332

Omslag: © Primento

Digitaal ontwerp: Primento, de digitale partner van uitgevers.